LA BATALLA DE ARGEL

Un duro episodio de la guerra de Argelia

Por Xavier De Weirt
En colaboración con Mathieu Beaud
Traducido por Marina Martín Serra

Historia en50MINUTOS.es

LA BATALLA DE ARGEL

DATOS CLAVE

- **¿Cuándo?** Del 7 de enero al 8 de octubre de 1957.
- **¿Dónde?** En Argel.
- **¿Contexto?** La guerra de Argelia (1954-1962).
- **¿Beligerantes?** Francia contra el Frente de Liberación Nacional Argelino (FLN).
- **¿Principales protagonistas?**
  - Jacques Massu, general francés (1908-2002).
  - Roger Trinquier, alto oficial paracaidista francés (1908-1986).
  - Larbi Ben M'hidi, responsable de la acción armada en Argel (1923-1957).
  - Yacef Saadi, líder de la Zona Autónoma de Argel (nacido en 1928).
- **¿Resultado?** Victoria francesa.
- **¿Víctimas?**
  - Bando argelino: entre 1000 y 3000 muertos.
  - Bando francés: alrededor de 374 muertos y 917 heridos.

INTRODUCCIÓN

La batalla de Argel constituye un episodio particularmente doloroso de la guerra de Argelia, que se origina en el contexto de la descolonización. Durante nueve meses, los combates enfrentan a la 10.ª División Paracaidista del general Jacques Massu contra los nacionalistas argelinos del Frente de Liberación Nacional (FLN). A diferencia de una guerra clásica entre dos ejércitos, se trata, en la autoridad de Francia, de una verdadera operación de comandos cuyos métodos denunciará más adelante la opinión pública internacional.

En el verano de 1956, el centro de Argel se ve sacudido por una serie de ataques terroristas cometidos por el FLN que, con la voluntad de desestabilizar la sociedad francesa y de mostrar al mundo la legitimidad de su lucha por la independencia, apunta al centro del poder francés en Argelia. Francia, directamente amenazada, decide contraatacar y, el 7 de enero 1957, las tropas del general Jacques Massu entran en la casba de Argel, el barrio musulmán en el que viven cerca de 75 000 personas en situación de hacinamiento. Allí, los soldados franceses se defienden llevando a cabo una guerra contrainsurgente, con unas técnicas elaboradas tras estudiar al Vietminh (organización política y paramilitar vietnamita) durante la guerra de Indochina (1946-1954).

Mientras los atentados mortíferos del FLN se multiplican y radicalizan más a la población francesa en Argelia, los comandos de paracaidistas franceses llevan a cabo listas, búsquedas, interrogatorios, encarcelamientos, torturas y asesinatos con el fin de desmantelar la red de la resistencia terrorista. La batalla termina en octubre de 1957 con la detención de los miembros más influyentes del FLN, marcando así su desmantelamiento y acabando con la violencia temporalmente. Aunque la batalla de Argel es solo un corto episodio de conflicto, servirá para denunciar los abusos cometidos por Francia en su lucha por preservar la Argelia francesa. De hecho el Gobierno, bajo la autoridad del general Charles de Gaulle (1890-1970) y arrinconado por las críticas, decidirá abandonar la lucha.

Finalmente, el 18 de marzo de 1962, la firma de los Acuerdos de Evian consagrará la independencia de Argelia, tras ocho años de feroz resistencia.

CONTEXTO

EL FENÓMENO DE LA DESCOLONIZACIÓN

La colonización en el siglo XIX es obra de unos cuantos países europeos —entre ellos, Gran Bretaña, Francia, los Países Bajos, Bélgica, Alemania e Italia—. A finales del siglo, estos poseen toda África y una gran parte de Asia, y reinan sobre cientos de millones de individuos. Las dos guerras mundiales (1914-1918 y 1939-1945), sin embargo, marcan una pausa en el proceso de colonización emprendido por los europeos. En efecto, el prestigio de Francia y Gran Bretaña está muy afectado por las múltiples derrotas militares y por la importancia de las pérdidas humanas y materiales sufridas durante los combates.

Asimismo, los pueblos europeos cada vez son más conscientes de las terribles condiciones de vida de los pueblos colonizados; mientras tanto, a partir del periodo de entreguerras, en las colonias surgen movimientos independentistas, dirigidos por una élite intelectual bastante reducida que, con más o menos éxito, consigue unir a las masas populares —que mayoritariamente han seguido siendo analfabetas—. Durante la Segunda Guerra Mundial, debido a la debilitación del control colonial y al reclutamiento forzoso de miles de combatientes colonizados, estos movimientos se radicalizan y formulan reivindicaciones con el objetivo de obtener su emancipación. Así, en Oriente Medio, algunas colonias aprovechan el cambio de las relaciones de fuerza para reclamar su independencia, como Siria y el Líbano, que consiguen independizarse de Francia en septiembre de 1941 y en noviembre de 1943 respectivamente.

Aunque en 1945 Francia y Gran Bretaña siguen ocupando gran parte del espacio colonizado, han perdido una parte importante de su poder económico y de su prestigio. Por esta razón Francia, derrotada por el ejército alemán en 1940, tiene un gran interés en conservar su imperio, mientras que Gran Bretaña, invicta y más pragmática, considera la situación más bien en términos de interés económico.

La Carta de las Naciones Unidas firmada en 1945 marca el nacimiento de la ONU y también proclama el derecho de todos los pueblos a la autodeterminación, algo que en las colonias se verá como un llamamiento a intensificar las reivindicaciones.

A pesar de que algunas colonias se independizan en una relativa calma y, a menudo, a cambio de beneficios territoriales o político-económicos, otras se ven obligadas a recurrir a las armas para alcanzar este ideal. Sin embargo, después de que los países europeos se debiliten durante la Segunda Guerra Mundial, la tensión nacida a partir de la Guerra Fría (1947-1989) facilita el proceso de descolonización.

¿SABÍAS QUE...?

La Guerra Fría es un conflicto ideológico que, entre 1947 y 1989, opone un bloque occidental dominado por los Estados Unidos contra un bloque oriental conducido por la Unión Soviética. Se la califica como «fría» porque, durante este lapso de tiempo, no habrá conflictos armados que enfrenten directamente a las dos principales potencias beligerantes.

Mientras que los estadounidenses y los rusos son los grandes vencedores de la Segunda Guerra Mundial, se oponen firmemente a las aspiraciones colonizadoras de las potencias europeas. Los primeros, que obtienen su independencia de Gran Bretaña en 1776, defienden desde entonces la libertad de los pueblos a elegir su propio modo de gobierno. Los soviéticos, por su parte, siguen los preceptos del padre fundador Vladímir Ilich Lenin (1870-1924), que preconizaba la emancipación de los pueblos en camino a la revolución. No obstante, la brecha ideológica que separa a ambas potencias repercute en las reivindicaciones de independencia de los pueblos colonizados. Esta constatación es muy visible en Asia, donde se oponen una influencia comunista ruso-china continental y una Asia del Sur abierta en los mares bajo la influencia estadounidense. Desde entonces, varios dirigentes de movimientos independentistas que se proclaman abiertamente marxistas (movimiento de pensamiento que defiende la lucha de clases) encabezan partidos comunistas influyentes. En paralelo, los Estados Unidos mantienen la autoridad colonial en los países alejados del marxismo para garantizar la cohesión del bloque.

En 1955, se celebra la Conferencia de Bandung (Indonesia), que reúne a los dirigentes de antiguos países colonizados, liderada por Gamal Abdel Nasser (1918-1970), futuro presidente egipcio. Estos buscan desmarcarse de la lógica bipolar de la Guerra Fría (antiimperialismo *versus* anticomunismo) convirtiéndose en los portavoces del anticolonialismo. Este movimiento, nacido del contexto de la Guerra Fría, ampliará lógicamente los movimientos de liberación por la independencia, sobre todo en África.

Filipinas, una de las pocas colonias americanas, es el primer país en obtener su independencia después de la guerra. Le siguen las antiguas colonias británicas de la India, Pakistán, Birmania y Ceylán (Sri Lanka), en 1947. Por su parte, Francia libera la Indochina francesa en 1954, tras una guerra de ocho años. En África del Norte, Marruecos y Túnez, bajo protectorado francés, acceden a la independencia en 1956. La mayoría de las colonias del África subsahariana francesas y británicas serán liberadas entre 1957 y 1962.

¿Sabías que...?

La derrota francesa en Dien Bien Phu, el 7 de mayo de 1954, marca el final de la guerra de Indochina y la apertura de las negociaciones para la independencia de Vietnam. El conflicto enfrenta durante ocho años (1946-1954) a las fuerzas armadas francesas contra las tropas del líder comunista Ho Chi Minh (estadista vietnamita, 1890-1969). Este se beneficia, en efecto, del debilitamiento colonial durante la guerra para establecer una República de Vietnam en el norte de Indochina. Por consiguiente, Ho Chi Minh intenta convencer a los franceses de que se retiren y reconozcan la República de Vietnam manteniendo, con todo, una influencia política y económica en el país. Los franceses se niegan y bombardean Haiphong (puerto estratégico), un acto que desencadena la guerra. A continuación, el conflicto se adentrará en la lógica de la Guerra Fría, con el apoyo de los rusos al Vietnam del Norte de Ho Chi Minh y de los Estados Unidos a las tropas francesas situadas más en el sur. Pero los franceses, poco preparados para una guerra de maquis (guerrilla), finalmente son atrapados y rodeados por un ejército formado en su mayoría por civiles.

Los Acuerdos de Ginebra del 21 de julio de 1954 reconocen Vietnam como un Estado independiente. Esta inmensa humillación para Francia la incitará todavía más a mantener lo que le queda de imperio colonial. Asimismo, la observación de los métodos de combate de las tropas indochinas será de gran utilidad para la represión en Argelia, que se inicia unos días más tarde.

En medio de un clima internacional tenso, los rusos y los estadounidenses apoyan la causa de los pueblos oprimidos contra las potencias coloniales y firman varios pactos de alianza con el objetivo de sumar a un máximo de pueblos a su causa. Entonces, el mundo entero se ve afectado por este fenómeno:

- en Asia, los movimientos anticolonialistas toman un carácter claramente marxista, sobre todo debido a la proximidad de los ejemplos de Rusia y China;
- en África negra, los movimientos de independencia

despegan con un ligero retraso, y también cuentan con el apoyo de la corriente marxista;
* en África del Norte, el nacionalismo recibirá un fuerte impulso con el nacimiento del sentimiento de la identidad árabe, encarnado por el egipcio Gamal Abdel Nasser.

EL SISTEMA COLONIAL EN ARGELIA

La colonización de la Argelia francesa en 1830 resulta particularmente violenta. El 5 de julio de 1830, las tropas francesas toman Argel y se apoderan de un territorio codiciado desde hacía varios años, poniendo fin al dominio turco ejercido desde el siglo XVI. Durante 17 años, una gran parte del territorio se conquista derramando sangre, hasta que Argelia es proclamada territorio francés el 12 de noviembre de 1848. Debido a su proximidad con la metrópoli, el país debe servir como un asentamiento para Francia, que socava la cultura argelina mediante la imposición de su religión, su idioma y su sistema económico. Durante los años 1850 y 1860, muchos franceses, pero también habitantes del sur de Europa, alemanes y suizos cruzan el Mediterráneo con el objetivo de instalarse en estas tierras yermas. Se establece un reparto del territorio, muy poco ventajoso para la población local, que es obligada a desplazarse hacia el sur desértico y hacia las montañas, mientras que los recién llegados se apoderan de enormes parcelas de tierra cultivable. Con el fin de asentar el carácter francés del territorio, a partir de 1870 las autoridades coloniales ponen en marcha una política de asimilación muy poco igualitaria, que incluso llega a ser racista, concediéndole la plena ciudadanía francesa a los judíos primero, y luego a los europeos de Argelia (1889). La población árabe, en cambio, solamente obtiene un estatus secundario, que procede jurídicamente del Código del Indígena, un régimen administrativo instaurado para todas las poblaciones colonizadas del Imperio francés en 1881.

Así pues, con la «pacificación» francesa de 1848 se implementa un sistema político-económico particularmente difícil para la población argelina que, aunque posee la nacionalidad francesa, no se beneficia de la ciudadanía, lo que la convierte en una población de segunda clase. Las discriminaciones son visibles en todos los niveles de la sociedad, sobre todo en la enseñanza, ya que la población local apenas puede acceder a la escolarización. Solamente una pequeña minoría de argelinos procedentes de la clase media pueden optar a una enseñanza conveniente, pero muy limitada en relación con la que se dispensa a los franceses. Por otra parte, la población autóctona sufre igualmente discriminaciones en el ámbito económico: las familias árabes que viven en la ciudad se ven obligadas a marcharse a la periferia. El sistema francés elimina las estructuras campesinas y comerciales argelinas, arrebatando para su propio beneficio alrededor de 3 millones de hectáreas de tierra fértil a los campesinos, así como 3,5 millones de hectáreas de zona boscosa. Así pues, para mantener sus actividades agrarias, estos se ven obligados a huir hacia los campos y las zonas desérticas o a migrar hacia la periferia de las ciudades europeizadas, o incluso a trabajar para las explotaciones de los franceses de Argelia. La situación empeora todavía más con la crisis económica de los años treinta, que acentúa el éxodo rural de la población local y conlleva la creación de los primeros barrios de chabolas en los grandes centros urbanos como Argel o Constantina (ciudad del noreste de Argelia). Estos desplazamientos masivos de población conducen al empobrecimiento de ciudades que hasta ese momento eran mayoritariamente europeas y provocan el nacimiento de graves tensiones sociales.

En este contexto, surgen los primeros movimientos independentistas que, con todo, emanan de argelinos letrados procedentes de la clase media y de las grandes familias rurales, y cuya acción permanece bastante aislada, ya que la administración francesa excluye voluntariamente de la educación al 95 % de los musulmanes.

Estos movimientos se dividen en tres ramas principales:

- una corriente progresista y democrática dirigida por Ferhat Abbas (político argelino, 1899-1985);
- una corriente tradicionalista volcada hacia el islam y dirigida por los ulemas (doctores de la ley musulmana, juristas y teólogos);
- una corriente nacionalista revolucionaria fundada por Ahmed Messali Hadj (nacionalista argelino, 1898-1974).

Estos movimientos se ven reforzados durante la Segunda Guerra Mundial. En 1942, el desembarco de los estadounidenses en África del Norte hace que nazca una gran esperanza en la autoridad de los argelinos, que esperan un reconocimiento de Francia, que les ha utilizado en gran medida para combatir contra Alemania. Sin embargo, el 8 de mayo de 1945 —fecha de la capitulación alemana—, estalla una insurrección durante una manifestación organizada en la ciudad argelina de Setif para reclamar la independencia del país, contra la cual Francia responde con una fuerte represión y causa miles de muertos.

EL FRENTE DE LIBERACIÓN NACIONAL

El 10 de octubre de 1954, en El Cairo, nueve dirigentes históricos procedentes originariamente del Partido del Pueblo Argelino (PPA) fundan el Frente de Liberación Nacional. El Partido del Pueblo Argelino es un movimiento nacionalista independentista creado por Ahmed Messali Hadj en 1937 y que adoptará el nombre de Movimiento para el Triunfo de las Libertades Democráticas (MTLD) en 1946.

Retrato de Ahmed Messali Hadj, fundador del Partido del Pueblo Argelino.

En 1945, las masacres en Setif hacen resurgir una corriente de activistas en el seno del Partido del Pueblo Argelino. Dos años después, sus partidarios más violentos trabajan en el seno de la Organización Especial, que rápidamente se convierte en el brazo armado del partido y del MTLD. Estos militantes son jóvenes argelinos que, en su mayoría, proceden de las antiguas clases nobles rurales, cuyos padres fueron destituidos de su poder. Partidarios de la lucha armada, se oponen cada vez más a las intenciones legalistas y conciliadoras de los demás movimientos, y sobre todo a las de su líder carismático Ahmed Messali Hadj. Poco después del inicio de las hostilidades a manos del Frente de Liberación Nacional, en lo que más adelante se convertirá en la guerra de Argelia, este último funda el Movimiento Nacional Argelino, que será uno de los pocos adversarios políticos del FLN, causando violencias fratricidas entre ambos bandos.

La dirección del Frente de Liberación Nacional está formada por seis miembros del interior, repartidos en las distintas regiones de la colonia (las *wilayas*). Son ellos los que dirigen y fomentan los combates, mientras que tres miembros del exterior están destinados a El Cairo, desde donde mantienen relaciones con los distintos movimientos de resistencia árabe y se ocupan del abastecimiento de armas. En paralelo, el FLN busca unificar el movimiento de resistencia argelino anexionando las distintas corrientes independentistas, lo que se produce durante el Congreso de la Soummam celebrado el 20 de agosto de 1956. Juntos, precisan la organización interna, los objetivos militares y el proyecto político del frente para Argelia. En la cima de la jerarquía se encuentra el Consejo Nacional de la Revolución Argelina (CNRA), órgano colegial que toma las decisiones fundamentales, así como un Comité de Coordinación y de Ejecución (CCE) encargado de la buena aplicación de estas. El FLN, convertido en un verdadero partido único, se posiciona poco a poco como el representante exclusivo de todos los argelinos.

Asimismo, dispone de sus propios combatientes en el seno del Ejército de Liberación Nacional (ALN, por sus siglas en francés), un batallón que dispone de hombres entrenados especialmente para el maquis, los muyahidines, que llevan a cabo la guerrilla en las zonas rurales, así como de colaboradores no armados encargados del abastecimiento, de la intendencia y de la vigilancia. En el punto álgido de la guerra de Argelia, entre 1956 y 1958, el ejército cuenta con alrededor de 20 000 muyahidines y con el mismo número de auxiliares no armados.

LOS INICIOS DE LA GUERRA DE ARGELIA

Cuando el 1 de noviembre de 1954 estalla la guerra de Argelia, realmente pocos combatientes participan en ella, y la población todavía no se ha sumado al combate del FLN. No obstante, se producen varios atentados y actos de sabotaje en distintas regiones del país para perjudicar al bando adversario. Por su parte, los franceses intentan preservar el orden mediante un amplio dispositivo militar y policial, un armamento masivo y una fuerte represión. Además, el 31 de marzo de 1955, el Gobierno de Edgard Faure (político francés, 1908-1988) amplía, por primera vez, los poderes del ejército francés e instaura campos de acogida cuyo objetivo es detener a las personas sospechosas de participar en estas rebeliones y desmantelar las redes. Algunos oponentes los denuncian como verdaderos campos de concentración escondidos tras otro nombre, y sirven de base para neutralizar e interrogar sin causa justificada a cualquier individuo que se considere sospechoso.

Gracias a la Conferencia de Bandung, el FLN logra que su combate llegue a oídos de la ONU, provocando una internacionalización del conflicto que será capital para el resultado de la guerra. Los combates se producen principalmente en las partes rurales y desérticas del territorio (los *djebels*), donde los combatientes del ALN, para contrarrestar la represión francesa, practican la guerrilla, el hostigamiento y el sabotaje, utilizando de forma muy provechosa la propaganda para conseguir que los aldeanos se unan a su proyecto.

Fotografía de un avión francés abatido por los combatientes del ALN.

Pero la guerra cobra un aspecto diferente después del ataque terrorista de Constantina, el 20 y 21 de agosto de 1955. En una región pobre donde la coexistencia de las comunidades europea y musulmana es particularmente tensa, el líder regional Yusef Zighout (1921-1956) logra que se produzca una insurrección que conduce al asesinato de muchos franceses, para provocar reacciones y dar a conocer su acción. Francia, cuyo honor queda afectado, recurre a 60 000 jóvenes reservistas y decide castigar severamente el ataque. Por consiguiente, envía a nuevos soldados a Argelia con regularidad hasta el punto de que, mientras que en enero el ejército francés disponía solamente de unos 70 000 soldados, la cifra alcanza los 170 000 hombres en diciembre. La cantidad de soldados todavía evolucionará más y, en vísperas de la batalla de Argel, el ejército francés cuenta al menos con 350 000 hombres, la mayoría de los cuales no alcanza los 20 años de edad. A partir de 1958, el número de soldados supera los 400 000 individuos.

El 2 de enero de 1956, se forma un nuevo Gobierno de izquierdas en Francia encabezado por el primer ministro socialista Guy Mollet (1905-1975).

Retrato de Guy Mollet.

Tras haber sido recibido de forma muy hostil por parte de los franceses durante su primer viaje a Argelia, el político, más bien moderado hasta entonces, decide restaurar el orden en la colonia. Para llevar a cabo su objetivo, obtiene los poderes especiales de la Asamblea Nacional, lo que le permite adoptar todas las medidas que considere necesarias para el restablecimiento del orden, la protección de las personas y de los bienes, así como la conservación del territorio. En marzo de 1956, nombra gobernador de Argelia a Robert Lacoste (1898-1989), para fortalecer aún más la represión. Estas medidas impopulares entre los argelinos provocan nuevos altercados, tras lo cual los actos violentos se van sucediendo a una velocidad desenfrenada. El FLN perpetra una serie de atentados mortíferos y dirige emboscadas para tender trampas a los jóvenes soldados franceses todavía poco acostumbrados al maquis.

De forma esporádica, aparecen varios grupúsculos ilegales franceses para responder a los ataques del FLN mediante el terror, sobre todo con bombas, a través de asesinatos o de la creación de centros de tortura privados. Entre ellos, podemos citar la Organización de Resistencia de la Argelia Francesa (ORAF), una red que reúne a ultras de la Argelia francesa que utilizan métodos de combate no convencionales. Asimismo, además de la represión policial y militar cotidiana, los musulmanes argelinos a menudo son el objetivo de expediciones punitivas por parte de los civiles franceses, como represalia a las acciones del FLN. El 10 de agosto de 1956, estos franceses radicales perpetran un atentado mortífero en la calle Thébes, en pleno centro del barrio musulmán de Argel, que causa entre 15 y 60 víctimas en el bando argelino. En Francia, los inmigrantes argelinos, víctimas indirectas del conflicto, también son sometidos a duros abusos. El punto culminante hay que buscarlo en el lado de las represiones sangrientas de manifestantes inmigrantes en octubre de 1961 y el 8 de febrero de 1962 en la parada de metro Charonne en París.

LAS AMENAZAS PARA ARGEL

El FLN, que actuaba principalmente en las zonas rurales desde el inicio de la guerra, decide concentrar sus operaciones en la capital y extender allí su red de influencia. Durante el Congreso de la Soummam el 20 de agosto de 1956 se aprueba la creación de la Zona Autónoma de Argel (ZAA), y a su mando se nombra a Yacef Saadi para liderar la guerrilla urbana. Entonces, el Comité de Coordinación y de Ejecución, el órgano decisorio del FLN, decide instalarse en la casba de Argel, lo más cerca posible del poder colonial. A partir del anuncio de la ejecución de miembros del partido por parte de los franceses, el FLN abandona su lógica de violencia reactiva, multiplica el número de atentados en Argel y radicaliza tanto las tácticas de combate como su mensaje político.

El 30 de septiembre, en plena tarde, explota una bomba en el Milk Bar y en la Cafétéria, dos cafés argelinos muy frecuentados, causando 4 muertos y 52 heridos, y provocando una verdadera psicosis entre la población francesa de Argelia. El atentado pronto es reivindicado por el FLN y, a partir de esta fecha, los atentados se multiplicarán en ambos bandos.

Fotografía de la explosión de una bomba en Argel.

En diciembre de 1956, Yacef Saadi orquesta 122 atentados en la aglomeración argelina y, el 27 de diciembre, Amédée Froger (1882-1956), portavoz de los colonos reaccionarios, es asesinado. Este acontecimiento origina la batalla de Argel, e incitará a los colonos franceses a la rebelión.

ACTORES PRINCIPALES

JACQUES MASSU, GENERAL FRANCÉS

Jacques Massu, nacido en 1908 en un entorno militar, entra en Saint-Cyr (escuela de formación de los oficiales) en 1928 y acaba sus estudios con el grado de subteniente. Entonces, entra en la infantería colonial con el encargo de formar a un regimiento de tiradores senegaleses y, a continuación, sirve en Marruecos y en el Chad (1931-1940). En junio de 1940, entra en Francia Libre (organización de resistencia) al mando del general Charles de Gaulle y actúa en África del Norte bajo las órdenes del coronel Philippe Leclerc de Hauteclocque (1902-1947). Es autor de varios hechos de armas importantes durante la liberación del territorio francés.

Al final de la guerra, es enviado a Indochina con el grado de teniente coronel para repeler a las fuerzas japonesas y, en 1946, participa en la guerra de Indochina. En 1947 es asignado con los paracaidistas, y es comandante de la 1.ª Media Brigada de Paras, unidad que él mismo forma. Dos años después, ejerce de auditor en el Instituto de Altos Estudios de Defensa Nacional de París. Probablemente es entonces cuando estudia las técnicas de guerra psicológica y de defensa de la sociedad que se aplicarán durante la batalla de Argel.

En 1955, es ascendido a general de brigada y toma el mando del agrupamiento de paracaidistas de intervención en África del Norte. A continuación, es designado al mando de la 10.ª División Paracaidista el momento de la intervención franco-británica durante la crisis del canal de Suez (octubre-noviembre 1956). Apenas vuelve a Egipto, lo llaman para restablecer el orden durante la batalla de Argel en enero de 1957. Durante esta misión, con los plenos poderes de policía, se encarga de orquestar una represión implacable para acabar con el FLN, algo que ocurrirá a finales de septiembre de 1957. Recibe el mando del cuerpo de ejército de Argelia en 1958, y luego se marcha del territorio en 1960. En 1966, recibe el grado de general de ejército.

Hasta el final de su carrera, realizará funciones de formación de la juventud militar y escribirá varias obras para hablar de sus recuerdos. Finalmente, fallece en 2002.

ROGER TRINQUIER, ALTO OFICIAL PARACAIDISTA FRANCÉS

Nacido en 1908, el alto oficial paracaidista Roger Trinquier participa en la guerra de Indochina (1946-1954), en la crisis del canal de Suez y en la guerra de Argelia. Es un teórico de la guerra contrainsurgente y un adepto de la teoría de las jerarquías paralelas de Charles Lacheroy (1906-2005), cuya metodología estará en el centro de las operaciones militares francesas durante la batalla de Argel. Trinquier es quien pondrá en práctica los principios de la guerra moderna para contrarrestar los ataques del FLN y descubrir sus redes durante la batalla de Argel.

Según Roger Trinquier, una característica esencial de la guerra subversiva es el hecho de que su alcance va más allá de la simple confrontación armada, ya que se extiende al ámbito político, social, económico y psicológico. Es uno de los primeros franceses en haber entendido el reto que constituía el encuadramiento de la población a través de una organización clandestina en este tipo de conflicto, lo que en su opinión caracterizaba a la perfección las prácticas del FLN que había que erradicar.

En enero de 1957, comanda un regimiento de la 10.ª División Paracaidista del general Jacques Massu y pone a punto el dispositivo de protección urbana, instrumento que permite garantizar la defensa y el encuadramiento de la población, que estará tras el éxito francés en esta batalla. Este prevé dividir en zonas controladas cada manzana en Argel y colocarle un líder francés. Por otra parte, el 23 de octubre de 1957 implementa el dispositivo antiterrorista de la casba, cuyo objetivo es impedir el regreso de los rebeldes del FLN al barrio, al tiempo que proporciona una herramienta de propaganda y movilización. Entonces, empieza una campaña de identificación y censo de la población casa por casa, a la que se añade un toque de queda, registros sistemáticos y un derecho de registro. Así pues, la reflexión de Roger Trinquier es lo que causa los duros interrogatorios y la tortura sistemática de los resistentes. De hecho, su definición del terrorismo sostiene que cualquier soldado involucrado en una guerra sabe de antemano los riesgos que corre en caso de captura y afirma que «deberá entonces [...] afrontar los sufrimientos y seguramente la muerte [...]» (Vega Cantor 2015). En este sentido, el dispositivo también contempla misiones especiales, que son la base de los escuadrones de la muerte dirigidos por el general Paul Aussaresses (1918-2013), para llevar a cabo los interrogatorios. En este marco, recurrir a la tortura constituye un medio para obtener la confesión y también un sistema para atemorizar a la población y hacer que se sume al proyecto político francés.

Tras el éxito de la batalla de Argel, Roger Trinquier continúa sus actividades en el territorio argelino a pesar del retorno al poder del general De Gaulle, que desaprueba los métodos de la guerra revolucionaria. Alejado finalmente de la colonia en 1961, embarca hacia el Congo belga con la misión de formar la gendarmería del líder secesionista katangués Moisé Tshombe (1919-1969). Tras la independencia, pasa el resto de su vida cerca de los medios de la Argelia francesa y escribe, en particular, varios libros con carácter autobiográfico. Fallece en 1986.

LARBI BEN M'HIDI, RESPONSABLE DE LA ACCIÓN ARMADA EN ARGEL

Larbi Ben M'hidi nace en 1923 en una familia morabita, y ya desde muy joven entra en los medios independentistas, y luego nacionalistas. Con 17 años, se afilia al Partido del Pueblo Argelino de Ahmed Messali Hadj, y luego al Movimiento para el Triunfo de las Libertades Democráticas, y en 1947 se convierte en dirigente de la Organización Especial (sección armada). En 1952, es el responsable político-militar de Orania (región sociocultural situada en el oeste argelino) y en abril de 1954 participa en la formación del FLN en el seno del Comité Revolucionario de Unidad y de Acción (CRUA). Durante el Congreso de la Soummam, es uno de los cerebros de la Zona Autónoma de Argel, que debe garantizar la supremacía del FLN en el centro del poder argelino. En el transcurso de las primeras semanas de la batalla de Argel, participa en la ejecución de varios atentados en colaboración con Yacef Saadi, del que es el superior. Es detenido por los paracaidistas en la casba de Argel el 25 de febrero de 1957. Interrogado, y luego torturado, las tropas del comandante Paul Aussaresses lo llevan de noche a una granja y lo ahorcan allí. Hasta la confesión pública de este último en 2001, la muerte de Larbi Ben M'hidi se había atribuido oficialmente a un suicidio. Desde entonces, muchos argelinos lo consideran un mártir.

YACEF SAADI, LÍDER DE LA ZONA AUTÓNOMA DE ARGEL

Yacef Saadi nace en 1928 en Cabilia (norte de Argelia), y luego emigra a la casba de Argel para trabajar como panadero. En 1945, entra en el Partido del Pueblo Argelino y, un año después, se convierte en activista dentro de la rama armada del Movimiento para el Triunfo de las Libertades Democráticas.

Tras una estancia en Francia, vuelve a Argelia en 1954 y entra en el FLN. Detenido por los servicios de inteligencia franceses, logra burlar su vigilancia y pasa a vivir en la clandestinidad. Dos años después, el FLN le encarga que monte una red terrorista lista para entrar en acción en cualquier momento. En compañía de Larbi Ben M'hidi, crea la Zona Autónoma de Argel y pone en marcha la red «Bombas», que se ocupa de la conceptualización, de la realización, del almacenamiento y de la distribución del arsenal de guerra. Con este fin, contrata a científicos reconvertidos en químicos, a militantes y a obreros en los que se fija en los barrios musulmanes. Así, a partir de 1956, el FLN obtiene productos explosivos procedentes de Marruecos. Una vez se ha producido el arsenal, las encargadas de colocar las bombas son mujeres jóvenes con apariencia europea, y lo hacen en lugares muy concurridos de Argel (bares, hoteles, restaurantes, etc.). Yacef Saadi también se encarga de implantar el FLN en Argel, algo que requiere combatir a la competencia que representan los mesalistas (partidarios del Movimiento Nacional Argelino, opuesto al FLN) de Ahmed Messali Hadj.

El 24 de septiembre de 1957, Yacef Saadi es detenido por los paracaidistas franceses. Encarcelado y condenado a muerte, su sentencia es conmutada con el regreso de Charles de Gaulle al poder. Sale de la cárcel después de la Liberación en 1962. Al año siguiente, el presidente argelino Ahmed Ben Bella (1916-2012) le nombra presidente de la Asociación Francesa de Amistad y Solidaridad con los Pueblos de África. En ese momento también empieza a producir películas y funda Casbah Film. En particular, producirá *La batalla de Argel* de Gillo Pontecorvo. Apreciada por algunos que la reconocen representativa de la realidad de los hechos, es duramente criticada por otros, sobre todo en lo que concierne al papel desempeñado por Yacef Saadi, que se interpreta a sí mismo. En 2001, es nombrado senador por el presidente de Argelia Abdelaziz Buteflika (nacido en 1937). Hoy en día, a sus casi 90 años, Yacef Saadi levanta muchas sospechas sobre sus actividades antes y después de la independencia.

ANÁLISIS DE LA BATALLA

LOS MÉTODOS DE COMBATE

La batalla de Argel, que empieza en enero de 1957, constituye un momento particularmente violento de la guerra de Argelia. Más que una batalla, se trata de una operación extremadamente feroz de mantenimiento del orden llevada a cabo con el trasfondo de atentados terroristas. Este episodio, para muchos, servirá como modelo de la guerra contrainsurgente a la francesa. Además, desde entonces el principio de guerra revolucionaria se convertirá en algo muy útil en la lucha contra el comunismo y el terrorismo, y lo utilizarán en especial las dictaduras anticomunistas latinoamericanas (Argentina y Chile), durante la guerra de Vietnam (1954-1975), bajo la dictadura de António de Oliveira Salazar (político, 1889-1970) en Portugal y también los Estados Unidos en Afganistán e Irak.

El principio de la guerra revolucionaria incita a las naciones occidentales a elaborar una teoría militar capaz de contrarrestar sistemáticamente estas prácticas de guerrillas llevadas a cabo durante los combates para la liberación. Francia desempeña un papel clave en su comprensión y su difusión en los regímenes occidentales, hasta el punto de que, desde el final de la guerra de Argelia, en el país galo se habla de una doctrina de la guerra revolucionaria. Esta se basa en distintos principios fundamentales ligados a la acción psicológica como la creación de un enemigo interno común, el hecho de recurrir al miedo como medio de control o la práctica sistemática de la tortura y de las desapariciones.

Charles Lacheroy contribuye en gran medida a su elaboración y difusión. En 1927, este oficial colonial inicia su carrera en Siria, entonces bajo administración francesa, donde se ve confrontado por primera vez a guerrillas. Destinado a Mali en 1946, se encarga de sofocar las rebeliones africanas conducidas por Félix Houphouet Boigny (estadista marfileño, 1905-1993). Con todo, la preparación de la doctrina de la guerra revolucionaria la lleva a cabo sobre todo en 1952, durante la guerra de Indochina, al observar la eficacia de los combatientes vietnamitas frente a sus propias tropas. Lacheroy constata que un ejército de campesinos puede acabar con uno profesional, aunque esté menos equipado y menos formado. Para completar su teoría, extrae la importancia del control de la población civil —en el principio que llama de las jerarquías paralelas— del *Pequeño Libro Rojo* de Mao Zedong (estadista chino, 1893-1976) y estudia también la obra de Serguei Chajotin (biólogo y sociólogo alemán de origen ruso, 1883-1973), *La violación de las multitudes por la propaganda política*. Durante la batalla de Argel, Charles Lacheroy tendrá la oportunidad de poner en práctica su teoría mediante la invención del 5.º bureau, cuya misión consiste en establecer centros de clasificación para desalentar a los prisioneros de la idea de adherirse al FLN y recorrer el desierto para hacer que los aldeanos se sumen a la causa francesa.

Así pues, el tipo de combate que se lleva a cabo durante la batalla de Argel difiere radicalmente de las prácticas de guerra llevadas a cabo hasta entonces por los occidentales. Los fundamentos de esta estrategia se remontarían a la obra titulada *El arte de la guerra* de Sun Tzu (general chino,

c. siglo VIII a. C.), que todavía sirve como referencia en la actualidad. El general chino, cuya existencia nunca se ha podido confirmar, desarrolla en ella su estrategia, que consiste en debilitar la resistencia del enemigo afectando de forma no violenta la moral de las tropas. Así pues, se trata del arte de la sorpresa y del engaño puestos al servicio de la guerra. Estos métodos que se basan —en parte— en la propaganda realizada en la retaguardia de los frentes permiten movilizar a la población civil. En la guerra revolucionaria, a estas tácticas de manipulación psicológica hay que añadir las prácticas de guerrillas, utilizadas muy a menudo por combatientes no profesionales que actúan movidos por un ideal de independencia.

Durante la batalla de Argel, esta guerrilla urbana enfrenta a independentistas argelinos cuya acción terrorista principal consiste en colocar bombas en los ricos barrios europeos de Argel. También se aseguran de mantener la seguridad en sus redes amenazando con matar a cualquiera que hable. Las diversas redes que estructuran estos métodos son extremadamente complejas y cuentan con la mayoría de los musulmanes del FLN. Sin embargo, también colaborarán otros movimientos nacionales argelinos (MNA, Partido Comunista Argelino, etc.) y franceses (Partido Comunista Francés).

El FLN ejerce un estricto control sobre la población a través del sistema de las jerarquías paralelas.

Frente a esta se encuentran las tropas de comandos de paracaidistas del ejército francés, que trabajan en colaboración con la policía y la gendarmería y cuya misión principal es destruir esas redes calificadas como terroristas y recuperar la confianza de sus oponentes. Su principal campo de acción se encuentra en la casba de Argel, el barrio musulmán, que se caracteriza por su pobreza y por una alta densidad de población —70 000 individuos establecidos en un espacio limitado—. En este espacio superpoblado es donde se esconden los líderes y las armas. Por consiguiente, la clave de este éxito se basa por completo en la inteligencia. Asimismo, es necesario llevar a cabo un importante trabajo que consiste en la deconstrucción minuciosa de cada eslabón de los diferentes sectores, en encontrar las armas y en detener a los líderes. Para ello, las tropas francesas dividen el territorio en zonas, fichan a la población, se infiltran en las redes y practican la tortura.

INICIO DE LAS HOSTILIDADES

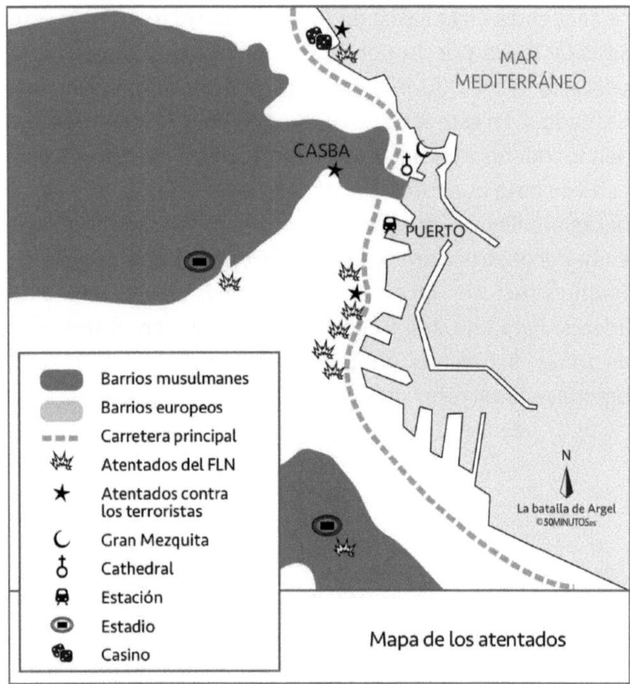

A principios de enero, las autoridades francesas se enteran de que los nacionalistas planean realizar una huelga general para el 28 de enero. Considerada como una verdadera afrenta, les da a los franceses la prueba de que el verdadero líder en Argel es el FLN. Poco a poco, van apareciendo las tensiones, y se comete una serie de atentados en el centro de la ciudad.

Frente al aumento de la violencia, el 7 de enero de 1957 el gobernador de Argelia Robert Lacoste le confiere los plenos poderes al general Jacques Massu. Así pues, este último tiene carta blanca para poner al descubierto la red terrorista de Argel y desmantelarla. Por consiguiente, el mismo día, entra en la ciudad a la cabeza de un efectivo de 8000 paracaidistas muy entrenados y que todavía sienten el entusiasmo por su victoria, algunos días antes, sobre las tropas del coronel Gamal Abdel Nasser en la crisis del canal de Suez. A Jacques Massu lo asisten los coroneles Marcel Bigeard (1916-2010), Roger Trinquier e Yves Godard (1911-1975), muy familiarizados con los métodos de la guerra revolucionaria. Esta entrada en la casba tiene el objetivo de disuadir a los eventuales participantes en la huelga prevista para algunos días más tarde. Para lograrlo, el barrio se cerca por completo con alambradas y se llevan a cabo registros sistemáticos para encontrar a los 1500 miembros del Ejército de Liberación Nacional que se esconderían en ella. No obstante, la entrada de los paracaidistas en la ciudad provoca una ola de atentados sangrienta.

Con el fin de obtener la información necesaria para identificar y detener a los sospechosos, cada manzana es controlada por una milicia urbana. Para llevar a cabo su misión con éxito, los soldados a menudo trabajan por la noche y realizan registros en las casas sin previo aviso, en un proceso muy rápido, en el que colaboran soldados, policías y la inteligencia militar. Miles de personas son controladas diariamente y cientos de ellas son declaradas sospechosas, arrestadas y llevadas a un centro de detención. Mientras tanto, el ejército interroga a miles de individuos en lugares secretos. Gracias al dispositivo de protección urbana establecido por el coronel Roger Trinquier, los soldados franceses logran seguir el rastro de Larbi Ben M'hidi —uno de los nueve líderes históricos del FLN y el cerebro las operaciones en la Zona Autónoma de Argel—, al que detienen el 23 de febrero de 1957. Este es capturado, interrogado y ejecutado por los escuadrones de la muerte del comandante Paul Aussaresses. El Comité de Coordinación y de Ejecución, que también está amenazado, huye de Argel a Túnez, dejando a Yacef Saadi solo para dirigir las operaciones terroristas.

A medida que los ataques disminuyen se calma la situación: de 112 atentados en enero se pasa a 29 en marzo de 1957. Con todo, Yacef Saadi está decidido a continuar con las operaciones, ayudado en su empresa por una serie de comités que posibilitan la organización de los atentados, la alimentación de la propaganda y la difusión de las noticias hacia el extranjero. Asimismo, dispone de un comité de redacción encargado de recopilar información sobre la tortura, de un comité de justicia y de un comité de ayuda social. Hasta verano de 1957, el líder de la Zona Autónoma de Argel cuenta con entre 1500 y 5000 colaboradores.

Así pues, se llevan a cabo nuevas acciones y los atentados se reanudan de forma muy violenta. En especial, cabe destacar el ataque del casino de la Corniche, el 3 de junio, que causa 8 muertos y 81 heridos. Con todo, a partir del mes de julio, el efectivo del Frente de Liberación Nacional de la Zona Autónoma de Argel disminuye de forma importante. En paralelo, los métodos franceses se burocratizan bajo el impulso de los coroneles Yves Godard y Roger Trinquier. Con el fin de facilitar la colaboración civil y militar, se crean centros de inteligencia para intentar identificar a los perpetradores y neutralizarlos. Además, se pone en marcha un servicio de propaganda para organizar la participación masiva de la población en el proyecto de una integración franco-argelina.

INTERROGATORIOS, TORTURA Y DESAPARICIONES

Durante la batalla de Argel, los soldados franceses recurren a la tortura para desmantelar al FLN. A partir de entonces, toda persona sospechosa de tener relación con el frente es arrestada, interrogada y puede que tenga que denunciar so pena de ser torturada. Los sospechosos son detenidos en su propia casa, muy a menudo durante la noche, y se les pone bajo arresto domiciliario en campos. Los métodos de tortura más frecuentes por parte de los militares franceses son la picana eléctrica, que consiste en proporcionar descargas eléctricas en algunas partes del cuerpo, el suplicio de la bañera, o incluso las ingurgitaciones obligadas con la tortura del embudo. Con este acto, los franceses no solamente desean obtener información de forma rápida, sino que también pretenden asustar a la población para movilizarla a favor de su proyecto.

En verano de 1957, comienza la segunda batalla de Argel. Las torturas y las campañas de propaganda se intensifican en la capital. Así pues, la situación resulta crítica para la Zona Autónoma, cuyo número de activistas se ha reducido drásticamente. Gracias a la información recopilada, el ejército francés logra desmantelar la zona y llegar hasta los dirigentes del Partido Nacionalista Argelino. La batalla termina oficialmente con la detención de Yacef Saadi el 24 de septiembre y con la de su cómplice Ali la Pointe (1930-1957) —cuyo verdadero nombre es Ammar Ali— el 8 de octubre.

REPERCUSIONES DE LA BATALLA

LA VERDADERA NATURALEZA DE LA BATALLA

El término «batalla» se utiliza para describir los aconte-cimientos que se producen en Argel poco después de la entrada de las tropas del general Jacques Massu. Con todo, a continuación, algunos actores principales de la represión, como el coronel Marcel Bigeard, reconocerán el carácter esencialmente policial de la operación. Por consiguiente, es difícil clasificar la batalla de Argel bajo una definición clásica de práctica de guerra, aunque los militares son los que orquestan las operaciones. Las prácticas realizadas durante este episodio, en efecto, no responden a las de una guerra convencional. Así, el general Jacques Massu recibe, desde el principio, los poderes especiales de policía, persiguiendo el objetivo de detener a los miembros del FLN.

Asimismo, el conflicto enfrenta a nacionalistas que co-meten atentados bomba contra una alianza formada por militares y policías, encargada de neutralizarlos. Ambos bandos recurren a prácticas ilegales, violando por completo el derecho de la guerra y las leyes francesas. A pesar de todo, el número de víctimas mortales es menos elevado que durante una batalla clásica. Hoy en día, se estima que los atentados cometidos por el FLN durante los nueve meses de conflicto causaron la muerte de menos de 400 personas en el bando francés y la de entre 1000 y 3000 personas en el bando argelino. El bajo número de víctimas mortales del conflicto se debe a que las acciones llevadas a cabo durante la batalla de Argel estaban más destinadas a aterrorizar la población. Ante esta constatación, por consiguiente, sería más justo hablar ante todo de una batalla psicológica, aunque es probable que, en vista de los excesos de las tropas francesas y de las reclamaciones de la opinión pública, las autoridades hayan querido justificar la violencia de la represión exagerando la naturaleza guerrera del combate.

UNA BATALLA MUY CRITICADA

La escalada de la violencia —que, por un lado, conduce a los atentados terroristas y, por el otro, al uso de la tortura— radicaliza a ambos bandos, eliminando cualquier esperanza de reconciliación.

Tras los acontecimientos, el ejército francés, debido a los medios utilizados, se enfrenta a una fuerte campaña de protesta tanto en el extranjero como en Francia. Durante la batalla, se difunden en Francia periódicos clandestinos que relatan los hechos y, poco a poco, los oficiales también hablan para denunciar las atrocidades cometidas en Argel. Algunos incluso dimiten, como el general Jacques Paris de la Bollardière. A partir de entonces, algunas redes de solidaridad en Europa y algunos intelectuales franceses se movilizan para ayudar al FLN. Todo esto fuerza a Francia a suavizar su política hacia los nacionalistas, que aprovechan la situación para establecer la República de Argelia.

Esta relajación de las autoridades, sin embargo, desata la ira de los ultras de Argelia, que inician disturbios importantes: la situación se acerca a la insurrección y, para solucionarla, el pueblo francés recurre a Charles de Gaulle, al que se confieren los plenos poderes.

Todo el mundo está convencido de que De Gaulle va a conseguir un acuerdo en Argelia que permita que Francia mantenga la colonia. No obstante, el 4 de junio de 1958, De Gaulle lleva a cabo su famoso discurso en Argel ante una audiencia de ultras y musulmanes, diciendo que los entiende. Aunque los ultras están convencidos de que el general restablecerá un régimen autoritario en Argelia, a su discurso le siguen inmediatamente medidas que establecen la igualdad de derechos entre franceses y argelinos. Con todo, se produce una insurrección liderada por los ultras, que en abril de 1961 conduce a un golpe de Estado por parte de los generales, pero los soldados del contingente no lo apoyan y hacen que la maniobra fracase. Bajo la presión internacional, De Gaulle acaba concediendo la independencia a Argelia mediante los Acuerdos de Evian en marzo de 1962.

¿LA BATALLA DE ARGEL, UNA VICTORIA FRANCESA?

La batalla de Argel termina así en septiembre de 1957. Aunque los franceses consiguen detener los atentados por un tiempo y desmantelar las redes del FLN, los nacionalistas recuperan la legitimidad de su lucha vinculando la opinión pública mundial a su causa. En efecto, la presión internacional finalmente convence a Francia de la inviabilidad de su lucha, a pesar de las fuertes protestas en las filas de los conservadores.

La independencia que adquiere Argelia en 1962 es, en realidad, la culminación de un proceso iniciado en la batalla de Argel. Más que una victoria de Francia, este episodio marca el principio del fin del régimen colonial, que los más nostálgicos más adelante defenderán en las filas de los partidos políticos de la extrema derecha en Francia. Para los independentistas, este es el comienzo de un largo y complejo trabajo de construcción de una identidad nacional, que desde entonces conlleva violencia y ajustes de cuentas que, todavía hoy, recuerdan las heridas heredadas de la colonización.

EN RESUMEN

La batalla de Argel ©50MINUTOS.es

- Argelia es una colonia francesa de asentamiento desde 1830. Francia, que ha perdido mucho prestigio y poder político y económico tras la Primera Guerra Mundial, quiere conservarla, a pesar del proceso de descolonización iniciado en 1918.

- En 1945, mientras que la población espera obtener la independencia tras el compromiso argelino durante la Segunda Guerra Mundial, se produce la masacre de Setif.

- El 7 de mayo de 1954, Francia es derrotada por las tropas de Ho Chi Minh en Dien Bien Phu. Esta afrenta comporta que el país galo quiera preservar lo que le queda de su imperio colonial.

- En octubre de 1954, se crea el FLN, movimiento nacionalista e independentista argelino. Su acción está claramente orientada hacia la lucha armada contra el ocupante.

- El 1 de noviembre de 1954, el FLN orquesta un levantamiento popular, desencadenando la guerra de Argelia que lo enfrentará a las fuerzas armadas francesas.
- En agosto de 1955 se produce la matanza de Constantina, perpetrada por el FLN. En respuesta, Francia envía un contingente armado a Argelia.
- A principios de 1956, Guy Mollet otorga los plenos poderes al gobernador Robert Lacoste.
- En agosto, los radicales franceses cometen un atentado en la calle Thébes, en el corazón del barrio musulmán.
- En el Congreso de la Soummam, el FLN crea la Zona Autónoma de Argel para tomar el poder en la capital. De agosto a diciembre de 1956, el número de ataques aumenta vertiginosamente. Larbi Ben M'hidi y Yacef Saadi son los responsables de su organización en la capital.
- El 8 de enero de 1957, Jacques Massu entra con sus hombres en la casba de Argel, marcando el comienzo de la batalla de Argel.
- Los franceses practican la guerra contrainsurgente para desmantelar las redes del FLN.
- El 23 de febrero de 1957, Larbi Ben M'hidi —el líder de la zona militar de Argel— es detenido, torturado y ejecutado por los escuadrones de la muerte del comandante Paul Aussaresses.
- El 24 de septiembre, Yacef Saadi es detenido y encarcelado. Este episodio marca el final de la batalla de Argel.

¡Tu opinión nos interesa!
¡Deja un comentario en la página web de tu librería en línea,
y comparte tus favoritos en las redes sociales!

PARA IR MÁS ALLÁ

FUENTES BIBLIOGRÁFICAS

- Alleg, Henri. 1958. *La question*. París: Éditions de Minuit.
- Branche, Raphaëlle. 2001. *La torture et l'armée pendant la guerre d'Algérie. 1954-1962*. París: Gallimard.
- Connelly, Matthew. 2002. *L'arme secrète du FLN. Comment de Gaulle a perdu la guerre d'Algérie*. París: Payot.
- Delmas, Claude. 1959. *La guerre révolutionnaire*. París: PUF, colección *Que sais-je?*
- Fanon, Frantz. 1961. *Les damnés de la terre*. París: François Maspero.
- Hobsbawm, Eric John. 2003. *L'âge des extrêmes. Histoire du court XXe siècle*. Bruselas: Éditions Complexe.
- Jauffret, Jean-Charles. 2000. *Soldats en Algérie, 1954-1962. Expériences contrastées des hommes du contingent*. París: Autrement.
- Jauffret, Jean-Charles y Maurice Vaisse. 2001. *Militaires et guérilla dans la guerre d'Algérie*. Bruselas: Complexe.
- Meynier, Gilbert. 2002. *Histoire du FLN (1954-1962)*. París: Fayard.
- Milza, Pierre. 1996. *Les relations internationales de 1871 à 1914*. París: Armand Colin.
- Pellissier, Pierre. 1995. *La bataille d'Alger*. París: Perrin.
- Peries, Gabriel y David Servenay. 2007. *Une guerre noire. Enquête sur les origines du génocide rwandais (1959-1994)*. París: La Découverte.
- Peyroulou, Jean-Pierre. 2009. *Guelma, 1945. Une subversion française dans l'Algérie coloniale*. París: La

Découverte.

- Rigouste, Mathieu. 2009. *L'ennemi intérieur. La généalogie coloniale et militaire de l'ordre sécuritaire dans la France contemporaine.* París: La Découverte.
- Roben, Marie-Monique. 2008. *Escadrons de la mort, l'école française.* París: La Découverte.
- Stora, Benjamin. 2004. *Histoire de la guerre d'Algérie (1954-1962).* París: La Découverte.
- Trinquier, Roger. 1961. *La guerre moderne.* París: La Table Ronde.

FUENTES COMPLEMENTARIAS

- Massu, Jacques. 1997. *La vraie bataille d'Alger.* Mónaco: Édition du Rocher.
- Pâris de Bollardière, Jacques. 1972. *Bataille d'Alger. Bataille de l'homme.* París: Desclée de Brouwer.
- Pervillé, Guy. 2008. *La guerre d'Algérie: Histoire et mémoires.* Burdeos: SCEREN-CRDP d'Aquitaine.
- Pervillé, Guy. 2012. *La guerre d'Algérie.* París: PUF.
- Pervillé, Guy. 2002. *Pour une histoire de la guerre d'Algérie.* París: Picard.
- Saadi, Yacef. 1962. *Souvenirs de la bataille d'Alger. Décembre 1956-septembre 1962.* París: Julliard.
- Vega Cantor, Renán. 2015. "La dimensión internacional del conflicto social y armado en Colombia. Injerencia de los Estados Unidos, contrainsurgencia y terrorismo de Estado". Informe, Universidad Pedagógica Nacional. Consultado el 16 de junio de 2017. http://www.altocomisionadoparalapaz.gov.co/mesadeconversaciones/PDF/injerencia-de-los-estados-unidos-contrainsurgencia-y-te-

<u>rrorismo-de-estado-1447172348-1460380901.pdf</u>

FUENTES ICONOGRÁFICAS

- Retrato de Charles de Gaulle. La imagen reproducida está libre de derechos.
- Retrato de Ahmed Messali Hadj, fundador del Partido del Pueblo Argelino. La imagen reproducida está libre de derechos.
- Fotografía de un avión francés abatido por los combatientes del ALN. La imagen reproducida está libre de derechos.
- Retrato de Guy Mollet. La imagen reproducida está libre de derechos.
- Fotografía de la explosión de una bomba en Argel. La imagen reproducida está libre de derechos.